反転宇宙とズルー力

88次元 Fa-A ドクタードルフィン
松久 正

はじめに

私ドクタードルフィンは、
25歳で医者になり、今年で33年目に入っています。

著書も80冊以上、上梓《じょうし》してきました。
医学の本、生き方の本を初め、神や宇宙の本、
エネルギーの本や小説など、多種多様の内容を発信してきました。

それは、医者だからといって
医学の本だけを出しているのでは、

本質的に人を救えないと思ったからです。

あらゆる方向から、
この地球における人間という存在を
生まれ変わらせたいと思ってきました。

しかし、私がどんなに発信しても
なかなか変わらない人類意識に、時々落胆もしました。

そんなときに私は、
人々の意識をひっくり返すためには、
今までになく飛び抜けた、ぶっ飛んだ情報を
発信しなければならないと考えるようになったのです。

皆さんの中には、
医者である私がこんなことを言うのかと驚き、
非難したりする人もいるでしょう。

しかし、今まで誰かが言ってきたような常識や
固定観念の中だけで発信しても、
皆さんの意識は変わらないのです。

ですから、この本でも、
またもや皆さんが腰を抜かすような、
ひっくり返るような内容を提供することになります。

その目的はただ一つ、
凝り固まった考え方をぶっ壊して、

皆さんに新しい柔軟な生き方をしてもらいたいという思いからです。
この本を読んで、
えっ、こんなことがあるのかとか、
こんなばかげた話があるかと思う人も少なからずいるかもしれません。

だからこそ皆さんの考え方、
生き方に大きな影響を
与えることができると私は考えています。

ですから、半分は遊び感覚で読んでください。
この本を読んだという体験が、

皆さんの人生が輝くために、
いつか、どこかで必ず役立つ時がきっと来るでしょう。

２０２４年春某日　鎌倉より

反転宇宙とズルーカ　目次

第二章　衝撃！「ミズル」からのメッセージ

第三章　プミ（PUMI）という集合意識

第四章 反転宇宙を知ることで あなたは中庸に戻れる

カバーデザイン　369デザイン
森 瑞(4Tune Box)
本文仮名書体　文勇仮名(キャップス)

リラ星のプリラ
本宇宙

ズルーカ星のミズル
反転宇宙

プミ
融合宇宙

第一章
反転宇宙と「ズルーカ」

私たちの本宇宙

私たちは今、一つの宇宙に生きています。
この宇宙は果てしなく大きく、
私たちが住む地球のほかにも、
無数の星たちが、太陽系、天の川銀河系、
ほかの銀河系（アンドロメダ銀河など）に存在しています。

さらには、スピリチュアルの世界を学んでいる人には
なじみがあることだと思いますが、
私たちが存在するこの宇宙と並行して、
全く異なる宇宙が同時存在しています。

それらをパラレル宇宙と呼びます。

このことは、2018年に上梓した
『多次元パラレル自分宇宙』（徳間書店）に詳しく述べています。

パラレル宇宙とは、
「今ここ」に自分が存在している宇宙と並行して、
今という時間軸で、
全く違う自分が存在している
宇宙があるということです。

それは無数にあると考えていいのです。

それとは別に、「ここ」を軸にして、
過去、未来の宇宙も無数にあります。

それもパラレル宇宙といいます。

つまり、パラレル宇宙は縦にも横にも存在します。

横を時間軸とすると、
横にも無数にあるし、
今という時間を中心に縦に見た場合にも、
違う自分がいる宇宙が無数にあります。

「今ここ」の宇宙と
無数のパラレル宇宙を含めて、

私たちが生きている宇宙を、「本宇宙」といいます。

本宇宙の中で、
私たちは全てを体験しているのです。
全ての自分があると考えています。

リラとプリラ、大宇宙大和神（おおとのちおおかみ）

私は、これまで「神」の本をたくさん出してきています。

本宇宙の中でエネルギーの最も高い神、次元の最も高い神、至高の神は、大宇宙大和神（おおとのちおおかみ）です。

私は、大宇宙大和神の本を1年に1冊、連続して4冊、青林堂から既に上梓しています。

興味のある方はそれをお読みください。

大宇宙大和神（おおとのちおおかみ）が神の頂点として
君臨しているのが本宇宙です。

大宇宙大和神（おおとのちおおかみ）の下の次元には、
天之御中主神（あめのみなかぬしのかみ）、
伊邪那岐神（いざなぎのかみ）、
伊邪那美神（いざなみのかみ）、
天照大御神（あまてらすおおみかみ）などが
つながっています。

私が、大宇宙大和神を至高の神と言うのは、そういう意味です。

もう一つ、別の見方をすることができます。
先ほど述べたように、
私たちが住むこの宇宙には、
たくさんの星が存在しています。

地球は、その星の中でも次元の比較的低い星、
つまり、生命体としてのエネルギーが比較的低い星です。

それは意識エネルギーの高さということで、
意識の次元の高さ、
「今ここ」をそのまま受け入れる能力の高さと
言ってもいいと思います。

我々の宇宙の中でその能力が最も高い星は、「リラ」です。

私たちの太陽系、天の川銀河系、
ほかの銀河系を含めて、
リラ星の意識エネルギーが最も高いと、
私ドクタードルフィンは宇宙を読んでいます。

リラ星には、
一番高い意識の生命体たちが存在しています。

彼らは体を持たない、

目に見えないエネルギー存在ですが、
「今ここ」をそのまま受け入れる能力は
最も高く、
それを宇宙のほかの惑星、
星の生命体たちに教える役割を持っています。

リラ星における、その目に見えない
生命体たちの集合意識を、
私は「プリラ」と名づけています。

「プリラ」というリラ星の集合意識が、
私たちの本宇宙を全て見守っていると
考えています。

大事なことをまとめると、

●宇宙は、私たちが体験している「今ここ」の宇宙だけでなく、それ以外の自分が住んでいるパラレル宇宙が存在している。

●そのパラレル宇宙を含めた本宇宙では、大宇宙大和神という至高神が私たちを見守っている。

●さらには、リラという星の「プリラ」という集合意識が我々を見守っている。

これが、私たちが住む本宇宙の大まかな説明です。

反転宇宙とは

この章では、皆さんの意識が
ぶっ飛んでしまうかもしれない
お話をしていきましょう。

前項で述べたように、
私たちは本宇宙の中の「今ここ」の宇宙に住んでいます。

今から発表することは、
私ドクタードルフィンが、
昨年（2023年）8月8日に

宇宙からのメッセージ波動を受けて、獲得した情報です。
それは、私たちが存在している本宇宙とは
全てがひっくり返った、
反転した宇宙があるということです。

この宇宙の存在は、
今までどんな科学者にも知識人にも
察知されてきませんでした。

この存在を世に発表するのは
私が初めてかもしれません。

私は、これを「反転宇宙」と名づけました。

これは、その名のとおり、

本宇宙に存在している

「今ここ」の私たちの全てが、

反対の状態にある宇宙ということです。

わかりやすく言うと、

本宇宙で男だったら反転宇宙では女、

本宇宙で善人だったら反転宇宙では悪人、

本宇宙で正直者だったら反転宇宙ではウソつき、

つまり、抽象的な反対概念、

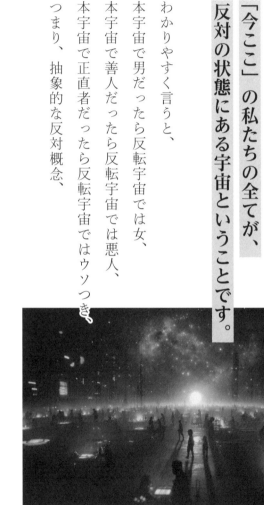

「善」と「悪」、
「美」と「醜」、
「優しい」と「いじわる」、
「お金持ち」と「貧乏」、
「健康」と「不健康」、
「能力がある」と「能力がない」

といった全く反対の自分が存在している世界があります。

実は、私がそれを知ることになった昨年の夏まで、
反転宇宙のエネルギーは、

私たちの存在する本宇宙とはつながっていなかったのです。

最先端の量子力学においては、
この宇宙の最小単位である素粒子が生まれるときは、
ポジティブとネガティブが
同時存在していることがわかっています。

つまり、最初は全くの無（ゼロ）から
プラスとマイナスが生じるということです。

ポジティブとネガティブを足したらゼロになる。
等価のエネルギーです。

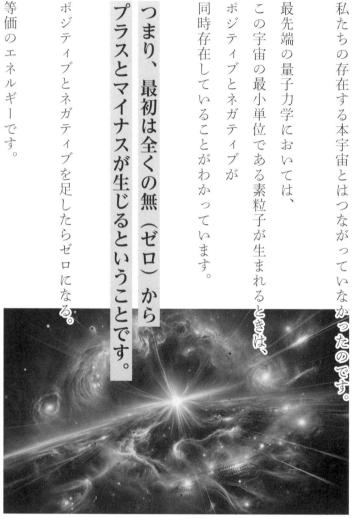

素粒子が誕生するときは、
このように全く反対向きのエネルギーが生まれます。

宇宙も同じです。
全くゼロであった、
宇宙には存在しなかったゼロポイントから、
果てしないビッグバンが起きて、
ポジティブの宇宙とネガティブの宇宙に分かれたのです。

エネルギーがゼロのときは全く動きがあり**ません。**
エネルギー粒子は、動きが生じると存在になる。

動きがとまっているときは
存在していないことになります。

動いて初めて宇宙的な存在となる。
ビッグバンでエネルギーが生じたときは、
いろんな波動が生じました。

エネルギーが宇宙に拡散していくと、
波動がだんだん粗くなっていきましたが、
全く反対の波動も同様でした。

ビッグバンが起きて、
右らせんと左回りのらせんが生まれました。

右らせんをポジティブとしたら、
左回りのらせんはネガティブです。

宇宙の誕生の理論は、
素粒子誕生の理論と全く同じだと私は考えています。

我々がここに存在している本宇宙は、
たまたまポジティブの右らせんの宇宙
右らせん宇宙の話は、
私が2017年に出した
『水晶（珪素）化する地球人の秘密』（ヒカルランド）に

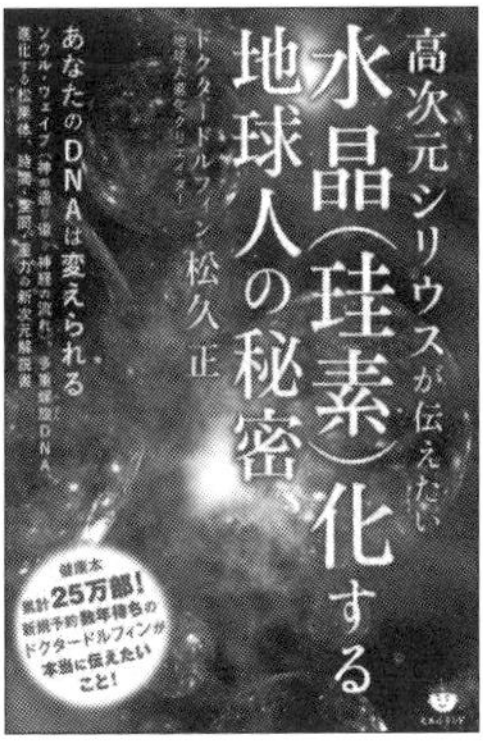

詳しく書いてあります。
私たちは右らせん宇宙に生きているのです。
ということは、
全く反対のエネルギーが
左らせんの宇宙に存在しているということです。
私たちが右らせんの宇宙にいるということは、
水晶のペンデュラムをやるとよくわかります。

宇宙とつながっている人は、
右回りで回ります。

宇宙とつながっていない人は、

反対回りに回ります。

私は地球人で最もペンデュラムが回る人間です。

床面と平行になるように回って、
水晶が飛んでいきそうになる。
そんな人間はほかに存在しません。

「今ここ」のあなたと性質が全く反対のあなた、
体験できないあなたが存在しているのが「反転宇宙」で、
その「反転宇宙」にもパラレル宇宙が存在します。

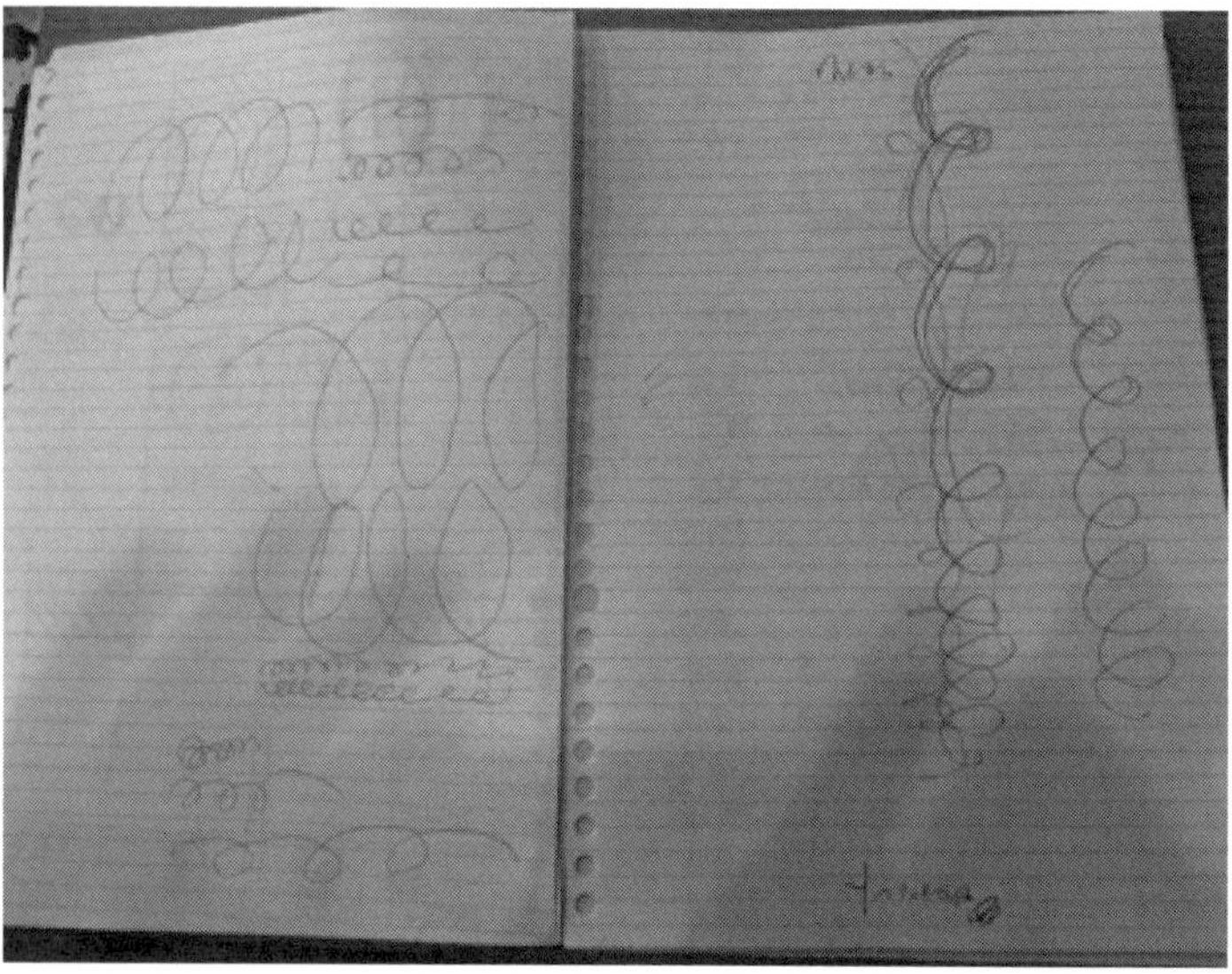

執筆中のドクタードルフィンのメモ

その全てを含めて「反転宇宙」といいます。

そして、本宇宙、私たちが見えている宇宙を「表宇宙」、見えていない「反転宇宙」を「裏宇宙」といいます。

大事なことをまとめると、

●宇宙がゼロポイントで誕生したときのビッグバンで、右らせんのエネルギーと左らせんのエネルギーに分かれた。

●右らせんの宇宙がトーラスの片側、左らせんの宇宙がその反対側に、同時に存在している。

●しかも、等量・同じ質・同じリズムで、全く反対のエネルギーが存在している。

反転宇宙からのコンタクト

昨年（２０２３年）の夏、私が反転宇宙とつながるまでは、
反転宇宙とつながるチャンネルは
ゼロポイントしかありませんでした。

我々人類は、
どう考えてもゼロポイントまで
行くことはできません。

だから、
今まで反転宇宙のエネルギーに触れることは、

誰にもできませんでした。

しかし、2023年8月8日、

反転宇宙から、

地球の3次元の私にコンタクトしてきました。

「ドクタードルフィンよ、

おまえがこの反転宇宙の存在を世に知らしめよ。

そのことによって人類は大きく学んで、進化する。

これをおまえの使命としてやりなさい」

というメッセージでした。

これまではゼロポイントという、

1万次元、1京次元を超えたところで
反転宇宙とつながっていたのに、
3次元の地球の私に直接コンタクトしてきた。

宇宙史上、初めてです。
これもぶっ飛ぶ話です。

だからこそ、
反転宇宙のお話を皆さんに
伝えることができるようになったのです。

その後、私にコンタクトしてきたのは、

本宇宙の次元の一番高い星リラに相当する

反転宇宙の「ズルーカ」という星だと私は察知しました。

そこの集合意識「ミズル」が私にコンタクトしてきました。

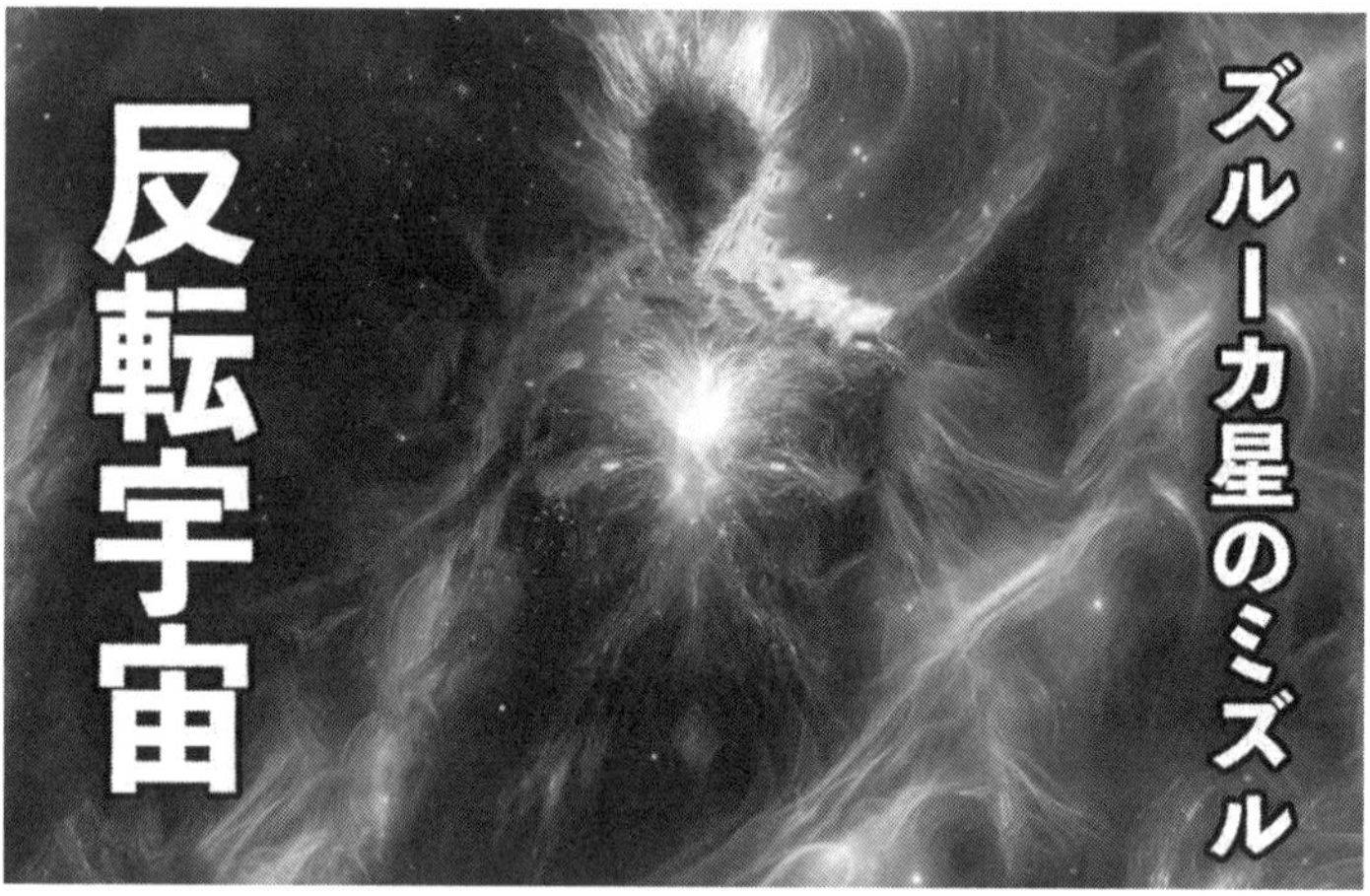

反転宇宙の至高神「アソビノオオカミ」

本宇宙で最も高い次元の神は
大宇宙大和神（おおとのちおおかみ）ですが、
反転宇宙の至高の神は「アソビノオオカミ」です。

私は、「アソビノオオカミ」についての本も
２０２３年までに青林堂から2冊出していますから、
興味のある人はぜひ読んでください。

今、「アソビノオオカミ」という神と、
「ズルーカ」という星の「ミズル」という集合意識が、
反転宇宙から地球を見守っています。

反転宇宙の存在意義

本宇宙において、
地球史上、超古代から、
人類は常によりよい生き方を求めて
切磋琢磨《せっさたくま》してきました。

それは一部の勢力による
人類統制という側面もありましたが、
根本的には、一部の勢力の攻勢に負けずに、
一人一人の人類が、
よりよき生き方をするために

切磋琢磨してきたわけです。

そのために、
いろんなリーダーが出て、
リーダーによる教えや言い伝えがあり、
記述された書籍によって、
個人個人がいろんな気づき、学びを得てきました。

でも、本来は一気に次元上昇、
つまり、進化と成長できるはずなのに、
それができずに来ました。

進化して、ドンと落ちて、また進化する。

それを繰り返してきました。

最終的にはちょっと進んでいるけれども、
上がって下がってを繰り返す。
本当はポーンと一気に上昇したいところですが、行けなかったのです。

もちろん、地球はもがいて学ぶ星で、
一気に次元上昇するような優秀な星ではなかったのです。
もがいて学ぶ星なので、
一気に高い次元に行く状態になりたくても、
今までの地球は学んでも大して上がれない。

上がれば、次の地球生を生きるときに、

よりよい生き方ができる。
もしくは、地球生を卒業してほかの星に飛んで、さらに、よりよい生き方ができるはずなのですが、その上がりぐあいが非常に少なかったのです。

それは、表宇宙、本宇宙での体験しかできなかったからです。

つまり、学びはポジティブとネガティブを両方持って、初めて全体的に上昇できるわけです。

意識エネルギーは、ポジティブだけでも、ネガティブだけでも、少ししか上がりません。

ポジティブとネガティブが
両方入ることでゼロの中立になり、
初めてエネルギーが軽くなります。

右らせんと左らせんが合わさると、
真ん中へ入り、真ん中だけで次元上昇します。

今までは周りだけで、
真ん中に入ってこられなかった。
でも、真ん中に入ると上昇できるのです。
右らせんと左らせんが消し合って、
ゼロになって、軽くなって、ボーンと上がる。

右らせんに左らせんのエネルギーが乗ることで、
軽くなって振動数が高くなります。

例えば、少し上がろうとしても、
エネルギー振動数はとても上がりにくい。

ゼロポイントに一生懸命
戻ってこようとしても、
らせんを反対巻きに上がらなければいけない。
そこで振動数を高くすることは相当難しいわけです。

しかし、反転宇宙が入ると、

簡単に上に行くことができます。

上から見た右らせんは、
下から見たら左らせんですから、
反転宇宙を下りていくだけです。

反転宇宙のエネルギーは、
次元上昇するためのスーパーキーなのです。

反転宇宙は、
今までの地球人のしょぼくれた
進化成長を加速化するために、
このタイミングを選んで、

私にコンタクトをとってきたのです。

これが反転宇宙の存在意義です。

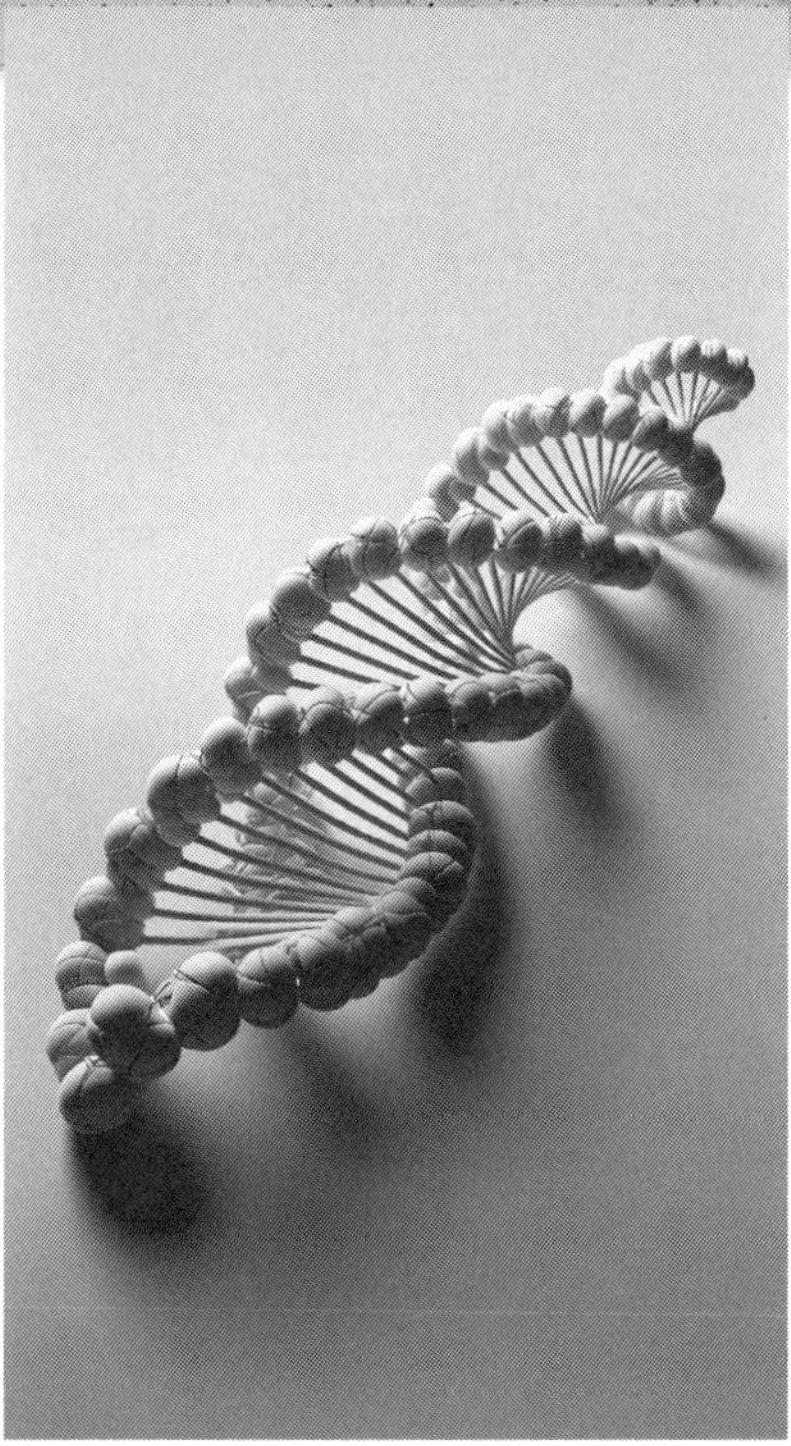

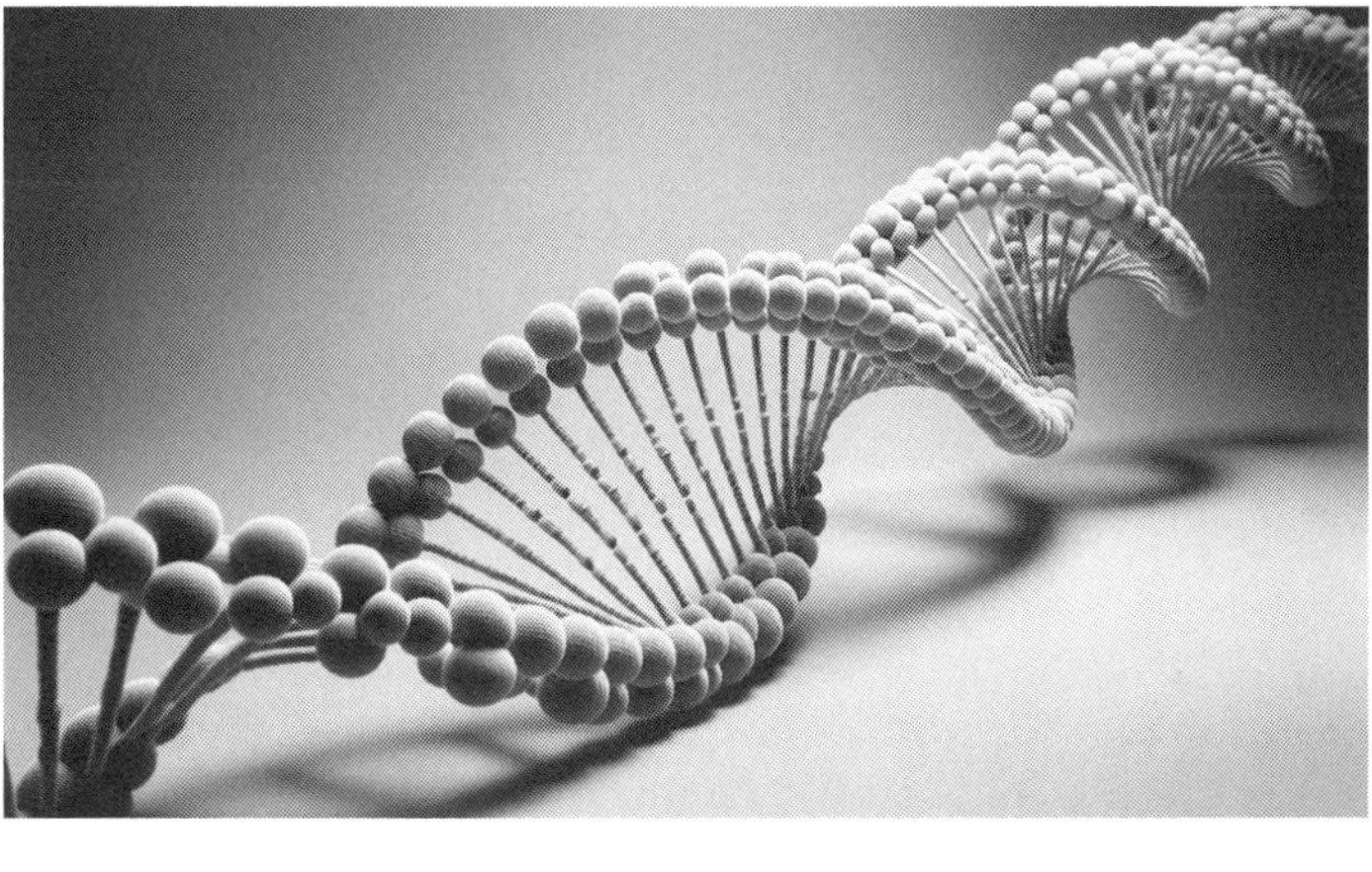

衝撃的な「ズルーカ」のメッセージ

反転宇宙の星社会において、
次元エネルギーが最も高くて、
反転宇宙を支配しているのは、
「ズルーカ」という星であり、
その星の集合意識である「ミズル」です。

この本で特に重きを置きたいのが、
「ズルーカ」からのメッセージ、
つまり、その集合意識の「ミズル」からのメッセージです。

「ズルーカ（ミズル）」からの
皆さんへのメッセージは、
本宇宙における地球で今まで皆さんが
受けてきた教えやメッセージとは
甚《はなは》だかけ離れたものです。

最初にそれを聞いたときには、
たまげてしまうかもしれません。
あまりにも衝撃を受けて、
そんなことがあり得るかと
抵抗してしまうかもしれません。

しかし、皆さんが「そうだよね」とか、
「そのとおりだな」とか、
「それはよいことだ」と
素直に受け入れられるレベルの教えは、
実は皆さんの次元上昇に大して役立たないのです。

私ドクタードルフィンが常に訴えてきたように、
今までの地球社会における
常識や固定観念に沿った教えやメッセージは、
地球で生き残るための術として、
ある程度役立ちはするものの、
日常生活を多少豊かにするとか幸せにする
というレベルにとどまるものです。

個人の一人一人が飛び抜けて
エネルギーを上げて、
自分の能力を上げるとか、
生きる世界を変えることには決してつながりません。

今まで浴びたことのない衝撃が必要なのです。
その衝撃をこの「ズルーカ（ミズル）」が
皆さんにお届けしようとしているわけです。

「ズルーカ（ミズル）」の教えには、
「反転」宇宙という名のとおり、

皆さんが今まで教わってきたもの、
受け取ってきたものとは
全く反対の要素が含まれます。

ですから、最初に聞いたときは
すぐに受け入れられないのが普通でしょう。

ただし、最初は抵抗しても、
そのメッセージを繰り返し受け取ることにより、
いつの間にか皆さんの
意識の深いところに自然に刻み込まれます。

だから、最初は抵抗してもいいです。

繰り返しメッセージを受け取ることにより、いずれ自分のものになるでしょう。

それでは、「ズルーカ（ミズル）」のメッセージをお届けしていきます。

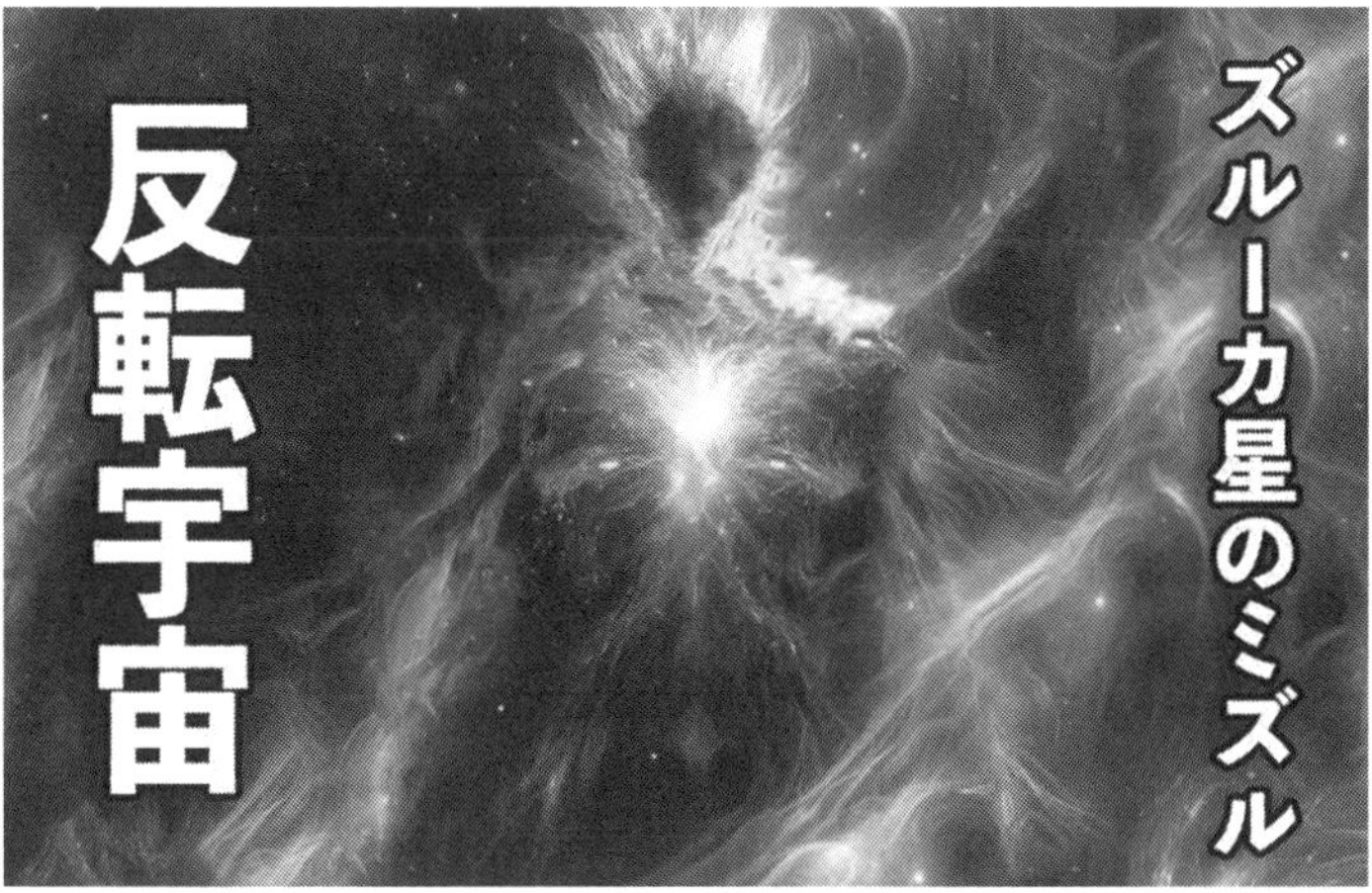

第二章

衝撃！「ミズル」からのメッセージ

幸せにならないで、健康にならないで

ミズル　ドクタードルフィンよ、
今から私、ズルーカのミズルと
半チャネリング状態で、
ドクタードルフィンの脳を使って、
地球の言葉で、
しかも日本語に翻訳して話していきます。

半チャネリングですから、
ドクタードルフィンの意識が残ったまま、
ミズルの意識として出していきます。

よろしいですね。

本宇宙における地球人は、
大抵の場合、誰もが幸せになりたい、
健康になりたいと考えているでしょう。

本宇宙における幸せとは、
何の心配もなく、
自分の望むように豊かに生きるということです。

健康でありたいということは、
病気をせずに、健やかに長く生きるということです。

最初の言葉から非常に衝撃的なものになります。
私ズルーカのミズルは、あえてショッキングなことを皆さんにお伝えします。

どうか幸せにならないでください。
どうか健康にならないでください。

どうですか。すごく衝撃的でしょう。
誰からも言われたことがない。

さあ、あなたの心を見てみましょう。
すごく怒っていますね。
いらだっていますね。
何てことを言うんだ。

この瞬間、この本を閉じようと思った人もいます。

それぐらいショッキングなことだと思います。
なぜならば、先ほども申したように、
地球人のほとんどは幸せになろう、
健康になろうとして生きているからです。

それこそが生きる価値と意義だと考えているからです。

でも、よく考えてみてください。
皆さんは今まで幸せになろうとして生きてきました。
そして、健康になろうとして生きてきました。

しかし、どのぐらいの割合の人がそれを実現できているでしょう。
今、望むように幸せですか。望むように健康ですか。

もちろん、そうだと言い切れる人もいるでしょうが、
それほど多くはいないはずです。
ほとんどの人は不十分と答えるでしょう。

幸せの度合いも不十分、
健康の度合いも不十分です。

それはどうしてでしょうか。
それを私が皆さんにお伝えしていきます。
本宇宙は、あえて不幸せを体験する場所だからです。

さらには、あえて病気・不健康を体験するところだからです。

さあ、またショッキングなことを言いました。

皆さんが目指しているのと
反対のものを体験するための場所が、
本宇宙の地球です。

だから、そのようになろうと思っても、
なれるわけがないのです。

本当に100%幸せ、
100%健康だと、
それ以上、地球にいる意味と意義を

なくしてしまうからです。

ですから、私ミズルはあえて言います。

不幸せになりなさい。
不健康になりなさい。

これは今まで、
本宇宙の誰ひとりとして
言ったことがありませんでした。

反転宇宙にいるズルーカ星の私ミズルだから、
皆さんにお伝えできることです。

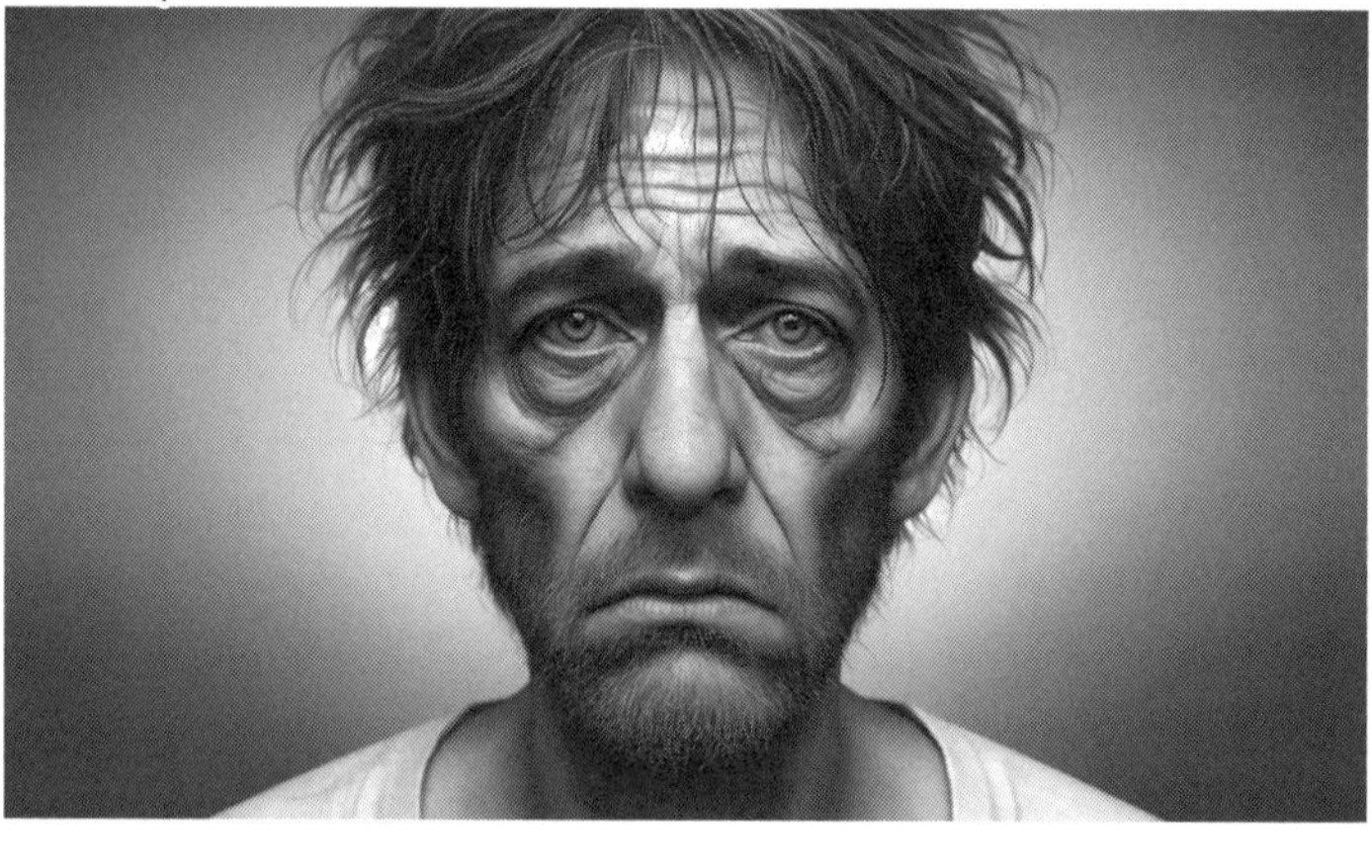

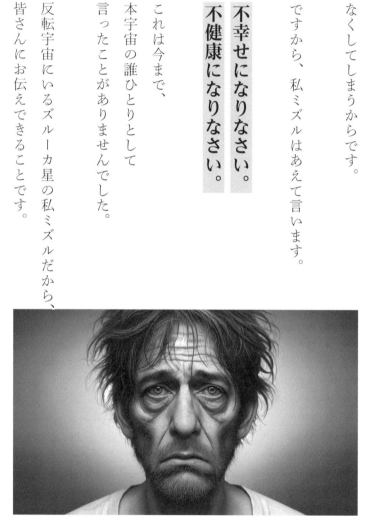

皆さんはとても衝撃を受けていると思います。

怒りを私に向けている人もいると思います。
これが必要なのです。

前章で述べたように、
あなたが「いいよね」「そうだよね」と
思えることを伝えられても、
あなたは今まで決して変われませんでした。

だから、私が同じことを言っても、
また変われないあなたがいるだけです。

この本を読んでいるあなたは、
いよいよ変われるときがやってきました。

幸せと健康に関する二つの大事な教え

ミズル　反転宇宙の私の立場から言うと、
この本宇宙の地球で何かになったら、
その何かでないあなたも同時存在します。
あなたが幸せならば、
不幸せなあなたももちろん
反転宇宙に存在しているということです。

健康ならば、不健康なあなたも反転宇宙に存在しています。

ドクタードルフィンが既に述べたように、

反転宇宙の集合意識においては、
不幸せなことがよいとされています。
不健康なことがよいとされています。

そういう状況をあなたが知ることで、
あなたはプラスとマイナスが融合されてゼロになる。
そして、ゼロからあなたの望む自分を
つくり出せるようになるわけです。

まず、ゼロになる必要があります。
つまり、反転宇宙のあなたの存在を知ること、
そして、受け入れることが必要です。

ここで、幸せと健康について、
二つの大事な教えを言います。

まず、幸せについて。

一つ目は、不幸せであることを受け入れなさい。
不幸せである自分を称《たた》えなさい。
不幸せである自分を愛しなさい。

それを行うことで、
あなたはいつの間にか、
不幸せなあなたであっても大丈夫と、
不幸せなあなたと自然につき合えるようになって、

不幸せなあなたから必要な気づきと学びを
得ることができるようになります。

不幸せなあなたに抵抗、否定する状態においては、
あなたは必要なことに気づいたり学んだりすることが何もできません。

不幸せな自分でよいのだと
受け入れて肯定することで、
そこから気づいたり学んだりすることが
できるようになります。

これはあたかも反転宇宙の不幸せなあなたを受け入れることになります。
つまり、反転宇宙で不幸せなあなたを

周囲の集合意識がすばらしいと評価して、
あなた自身もそれで満足している。
それはまさに反転宇宙におけるあなたの状態です。
それが非常に重要であるということです。

幸せになろうとすることを一旦やめてみましょう。
むしろ不幸せになってもいいや、
もっと不幸せになってみてもいいかなぐらいに
意識を拡張してみましょう。

反転宇宙のエネルギーがどんどん入ってきます。
そうすると、
本宇宙と反転宇宙のエネルギーが融合されてゼロになる。

あるがままの「今ここ」のあなた自身の状態で、
全てよしということになります。

不幸せな自分を受け入れて肯定する、
幸せになろうとすることをやめてみる、
この二つがものすごく重要です。

健康についても同じことが言えるわけです。

病気である自分、不健康である自分、何かの症状を持つ自分を、
今まであなたは否定して生きてきました。

でも、あなたが本宇宙の地球に来たのは、病気をやりに、

体の不都合をやりに来たということなのです。

本宇宙の地球においてそれを学べるところは、本宇宙の地球以外にありません。

地球が最も学べる場所です。

あえて病気である自分、症状を持つ自分を選んで地球に来ました。
先ほどお話しした、不幸せな自分を選んで来たというのと同じです。

だからこそ、「それでいいのだ」と受け入れる。
肯定する。そうすると、症状のある自分、
病気のある自分から気づいて、学んで、
必要なエネルギーを上げることができるのです。

もうわかりましたね。

二つ目は、先ほどと同じように、

健康になろうとしない。
症状や病気を治そうとしないことです。

前章の「幸せ」と同じように、
健康になろうとすることをやめることで、
健康に向かうことができるようになります。

自然に症状や病気が減っていくかもしれません。
不幸せの度合いが減っていき、
いつの間にか幸せと感じられる
自分が創造されるのと同様の機序になります。

これが、私、反転宇宙のミズルが教える大きな骨格となります。

私の話を最初に聞いたときより、
今のあなたは、
少し穏やかに受け入れられるように
なったのではないですか。
最初は死ぬほど抵抗して、
怒りが出たあなたも、
「そうなのかもしれないな」といった程度に
なっているかもしれません。

そうしたら、しめたものです。
私のメッセージを何回も読んでください。

人生の全てにおいて成功する秘訣

ミズル　ドクタードルフィンの近著『ゆだねる力』（ヒカルランド）は、私も内容をよく知っていますが、非常にすぐれた本だと思います。

地球人がもがくいろいろなトピック、お金、人間関係、容姿、能力、過去、未来などの項目について、非常にわかりやすく、地球人の学びとなる教えが書いてありました。ぜひ、これもあわせて読んでもらいたいと思います。

代表的な項目を取り上げてみましょう。

まず、お金です。本宇宙における地球では、お金はあればあるほどいいとされています。世間体としては、お金は争いのもとであり、お金について語ることは醜いとか言われてきました。

しかしながら、

地球人であるならばどんな人でも、心の奥ではお金があったほうが安心だ、好きなことができると考えているはずです。

中には、お金がなくても自分は幸せでいられるという人もいると思います。

でも、それはごく一部であって、
大多数の人は、お金はできるだけたくさん欲しいと考えているはずです。
これが地球人の本質だと思います。

ドクタードルフィンが言うように、
お金は感情を持っているので、
お金をハッピーにする使い方ができる人間に、お金は集まってきます。

しかし、ほとんどの人がお金をエゴで扱うので、
お金に好かれる人はなかなかいません。

もちろん、お金に好かれたほうがいいに決まっています。

まずは、お金に好かれるための大秘訣を教えましょう。

一つ目は、お金を欲しいと思わないことです。

今までの地球では、お金持ちになる、
大成功するためには、
こういうステップを踏みなさい、
こういう生き方をしなさい、
こういう考え方をしなさいと教えられてきました。
その教えによって、
ある程度のレベルまでの成功はつかめるかもしれません。

しかし、私たちが皆さんに望むのは、
エゴを捨てた卓越した成功です。
あなたしかつかめないものをつかむためには、
今までの教えではダメです。
お金に意識をフォーカスして、
お金に執着すると、
お金の意識エネルギーが重くなるので、
お金は逃げていきます。

そこで、お金に執着しない、
お金を欲しいと思わない、お金をつくろうとしないことです。

今までお金のために働いてきた人が、

お金への執着をなくして、
お金を求めなくなると、
一時期は生活が厳しくなるかもしれません。

そこは踏ん張りどころで、
一回踏ん張ってしまえば、
エゴのエネルギーから解放されて、
お金に好かれるあなたになることができます。
それが一つです。

もう一つは、

我々の反転宇宙においては、
お金はあなたを幸せにするものではありません。

お金を持てば持つほど、あなたは不幸になります。

本宇宙でお金がなくて不幸になっている人でも、
反転宇宙にはお金があるあなたが存在します。
あなたはお金のある
反転宇宙の自分を幸せだと思うでしょう。

でも、実は反転宇宙では
お金持ちは幸せになれないのです。
モノを持てば持つほど不幸せになります。

そういう意味では、
あなたは本宇宙でも反転宇宙でも、

今のままでは不幸です。
今存在する本宇宙の地球において
意識を変えない限り、
あなたは決して幸せになれません。

まず、反転宇宙のあなたを受け入れて、
本宇宙のあなたと融合させてゼロになることで、
今度は本宇宙でお金持ちである
あなたを選ぶことができます。

そして、本宇宙でお金持ちである
新しいあなたは幸せになれるわけです。

そうすると、反転宇宙のお金がない
あなたは不幸かと思いきや、実は幸せになる。
どこの宇宙においても幸せになります。

これが、お金に関する究極の教えです。

能力に関しても同じです。
能力がないあなたが本宇宙にいるとしましょう。
あなたは能力のある人をうらやましがり、
比較して、自分はみじめだと捉えています。
能力を磨こうとします。

本宇宙において、どういうときに能力を磨く

自分になれるかというと、

まずは反転宇宙のあなたを受け入れて、
反転宇宙のあなたと本宇宙のあなたを融合して、
ゼロになることによって、
本宇宙において能力がある
あなたを設定することができます。

全てについて同じことが言えます。
容姿が悪いあなたがいるとしたら、
反転宇宙の容姿のいいあなたと融合してゼロになる。

人間関係についても同じです。

本宇宙において人間関係の悪い人は、

反転宇宙において人間関係のいいあなたと融合してゼロになる。

本宇宙において、過去に後悔・罪悪感を持つ人もいます。
その場合、反転宇宙における過去は、誇りと自己満足しかありません。
後悔・罪悪感のない
反転宇宙のあなたと融合して、過去を書きかえられます。

本宇宙で、未来に不安・恐怖がある人は、
反転宇宙では、未来に夢と希望しかありません。
しかし、それは反転宇宙では悪なのです。
それを覚えておいてください。

刑務所から脱走したら幸せになれると思うように、
本宇宙から脱走して反転宇宙に行ければ
幸せになるということではありません。
それもまた不幸なあなたなのです。
だから、融合してゼロになる。
それで新しいものができる。
これが私ミズルの柱となる教えです。

エゴを貫く大ヘンタイになれ

ミズル　次の大事なメッセージをお伝えしましょう。
本宇宙のほとんどの地球人は、
自分よりも自分以外のために生きています。
周囲や社会が自分のことをどう思っているか、
どう評価しているかをいつも気にして、
よく見られようとして生きているのが、
地球人の本質的な姿です。

自分を大事にして、
自分軸で生きているよと言う人でさえも、

地球にいる限り、その要素は必ずあります。
それが全くないという人は皆無です。

本宇宙は、
自分軸よりも他人軸で生きるという
世界になってしまっています。
反転宇宙は、他人軸よりも自分軸で生きる世界です。

本宇宙ではエゴが悪いとされていますが、
反転宇宙ではエゴがよいとされています。
つまり、本宇宙にはエゴのある自分がいて、
本宇宙の集合意識は、エゴを否定しています。

反転宇宙にはエゴのない自分がいますが、
集合意識ではエゴのないのはよくないとされています。

反転宇宙はおもしろいですね。

つまり、「今ここ」のあなたを変えないと、
どの宇宙においてもあなたは変わらないということです。

地球ではエゴを出してはいけないといいますが、
私ミズルの教えは、エゴをとことんやれ、
エゴをやり尽くしなさいということです。

こういうメッセージを、

あなたは聞いたことがないでしょう。
生まれてこの方、
親、兄弟、学校、社会から、
わがままを言ってはいけません、
自分を殺して生きなさい、
他人のために自己犠牲をしなさい、
という教えが大事にされてきました。

でも、宇宙の本質から見れば、
それは正しいとは言えないわけです。

地球では、エゴで生きることで
周囲から責められるという学びがあります。

その学びをとことんおやりなさい。

地球には、エゴをやりに来たのです。

つまり、幸せと健康がよしとされる集合意識の中で、
そうではない不幸せ、不健康を
やりに地球に来たように、
エゴがないのがよしとされる集合意識の中で、
エゴをやりに来たのが地球ということです。

だから、私ミズルのメッセージは、
とことん自分勝手なあなたになりなさい。

周囲、社会から認められない人間になりなさい。
非難される人間になりなさい。
中途半端にそれをやるから、
家族、周囲、社会に迷惑がかかってしまうのです。

とことんやり切ると、
最初は周囲がとてつもない迷惑をこうむるでしょう。
でも、それを一定期間やり切ったら、
今まで気づかなかったことを学ばせてくれてありがとうと
周囲から感謝されます。
そこから学ぶものは多大です。

ドクタードルフィンが

いつも言っているように、変人になりなさい。

それでは不十分で、ヘンタイになりなさい。

蝶やカブトムシは幼虫から完全変態します。

人間もそれぐらい変わらないといけない時代に入っています。
ヘンタイと言われましょう。しかも、大ヘンタイです。

今の本宇宙の地球の世の中で、
いい人ね、すばらしい人ねと言われる人は、
これからあまり必要なくなっていきます。

その反対が必要になってきます。

今まで「いい人」になろうと
思っていた人は、やめなさい。

大ヘンタイになることで気づいて学ぶ。

大ヘンタイになることで、
反転宇宙では「すごくいい人」のあなたが存在することになりますが、
反転宇宙でも最初のうちは評価されません。

「すごくいい人」は反転宇宙に既に存在しているのだから、
あなたは本宇宙で「すごく悪い人」になっていいのです。

「すごく悪い人」といっても、
殺人とか強盗までやるのではなく、

人の人生を壊さないところで悪人、ヘンタイになれというのが、私ミズルの教えです。

さあ、私の教えがだいぶ入りましたか。
少しは興味を持ってもらえましたか。
今入らなくても、いずれ役立つときが来ます。

最後に、大事なメッセージをまとめます。

●不幸せになりなさい。
●病気になりなさい。
●自分勝手になりなさい。

生と死

ミズル　最後に、地球人にとって大事な話をしましょう。

生と死です。

これは、今、ドクタードルフィンが、
「生と死を癒やすドクター」として
活動していることにもつながります。

生と死は一つの事象のそれぞれ反面であって、
同時に存在しています。

今まで地球社会では、
生きることが善で、
死ぬことが悪とされてきました。
反転宇宙では生きることが悪で、
死が善なのです。

みんな早く死にたがっています。衝撃的でしょう。

本宇宙の地球社会では生きることに執着しますが、
反転宇宙では死ぬことに執着します。

どのように死のうか、
いつ死のうか、楽しみでしょうがないのです。

ドクタードルフィンが言うように、
死は、魂の着ぐるみを脱いで
新たな宇宙に入っていく
セレモニー、イベントなのです。

生きるから、生きる苦しみ、
もがきが出るわけです。

死ねば、生きる苦しみやもがきの
少ないところを選択し直すことができます。

だから、死を愛しなさい。
死を楽しみなさい。
そして、死を楽しみにして生きなさい。
死ぬ時期が迫ったら抵抗しないで受け入れなさい。
純粋に死んでいきなさい。死は祝福なのです。

これが、反転宇宙からの大事なメッセージです。

反転宇宙では、年をとって生まれ0歳で死ぬ!?

ミズル　先ほどいろいろなことをお話ししましたが、ドクタードルフィンから、年齢についても話してほしいという要望がありました。

本宇宙の地球においては、0歳で生まれた赤ん坊は、10歳、50歳、100歳と、年をとっていって亡くなります。

反転宇宙においては、驚くことに、年をとって生まれます。

１００歳で生まれる者、
また１２０歳で生まれる者、
80歳で生まれる者、
10歳で生まれる者、
５歳で生まれる者、
１歳で生まれる者、
それぞれの魂が選んでその年齢で生まれて、若返っていきます。

時間の進み方が
反対になるという捉え方もできますが、
本宇宙でいう未来から過去へ時間が進んでいきます。

これは今までドクタードルフィンが伝えていなかった新しい知識です。

反転宇宙では、
１００歳で生まれて20歳で死ぬ者もいれば、
80歳で生まれて、
人生を全うして０歳まで生きる者もいますが、
最後は0歳で死ぬことがわかっている世界です。
これはすごく大きなことです。
本宇宙は、全ての者が０歳で生まれて、
何歳まで生きるかわからない世界です。

反転宇宙は、それぞれ別の年齢で生まれてきて、

0歳で全員が死ぬという世界です。死ぬときがわかっているので、死の恐怖はありません。

最も長生きして0歳。
たまに早く死ぬエネルギーもありますが、
それは魂の選択です。

反転宇宙では未来に不安を持たないというのは、
そこに理由があるわけです。
全てが定められている。若返っていく。

だから、長く存在するために年をとったままでいたい。
むしろ、もっと年をとりたい。
皆さんには不思議な世界でしょうね。

戦争することを善とする

ミズル　少し違った題材を扱ってみましょう。

本宇宙の地球における

本自己である皆さんの社会では、

戦争は悪いものである、

人の命をたくさん奪うものである、

文明が壊れるものであるとして、

戦争の反対の平和が善で、

戦争が悪であるとされています。

確かに皆さんからすれば、

人が死ぬことは悪だし、
文明が壊れるのは悪で、平和が善です。

それは、先に私がお話しした健康が善ということと同じです。

体に何も害がない、
荒らされていない健康が善であり、
何も壊されていない平和が善である。
皆さんは今までそのように育てられてきたので、
そう考えるのは仕方がないことです。

しかし、反転宇宙においては戦争が善とされます。
皆さんは好んで争います。それを社会が応援します。

本宇宙の地球においては、
個人個人は症状や病気を通して気づいて学んで、
エネルギーを上げています。

社会も戦争を通して気づいて学んで、
エネルギーを上げます。
もちろん、犠牲は多いです。
病気における体の犠牲と同じように、
戦争における犠牲も大きければ
大きいほど学ぶものが大きくて、
エネルギーを上げる度合いが大きいのです。

だから、病気も戦争も必然です。
病気をなくそうとしても
病気がなくならないのと同様に、
本宇宙の地球において
戦争をなくそうと思ってもなくなりません。

そういう宇宙の中の、そういう星なのです。
痛い目に遭って、もがいて学ぶ。
戦争は仕方ない。
戦争があってもいいのだと受け入れてください。

ドクタードルフィンがいつも伝えているように、
戦争で亡くなってしまう人もいますが、

それもその人が選択したものです。
自分が亡くなって周囲に学ばせる。
それは大変つらいことではありますが、
それでいいのだと受け入れること、
肯定することが大事です。

自然災害すらも、受け入れる

ミズル　自然災害についても戦争と同様のことが言えます。
日本では、
２０１１年３月11日に東日本大震災があり、
そして、２０２４年１月１日に能登半島地震があり、
多くの方が被災されました。
亡くなった方も少なくありません。

地球にも意識があって、
地球自身も気づいて学ばないといけないのです。

人間の体が症状を持って病気をするのと同じで、
地球自身も症状を持って病気をすることで、
自分のエネルギーを上げていくわけです。

そこに存在している人間は、
ある程度その犠牲になりますが、
それさえも皆さんが気づいて学ぶための必要な体験です。

私たちの反転宇宙では、
地震とか、津波とか、
大火災とか、大干ばつとか、
いろんなことが起こると、みんな喜びます。
そういう災害がよしとされる世界です。

本宇宙の皆さんには非常に受け入れがたいことですが、
そういう世界があることを知って、
災害さえもそれでいいと受け入れていくことが大事です。

貧しいことすら受け入れる

ミズル　本宇宙の地球社会の歴史では、
大恐慌や経済破綻、
いろんな国同士の経済的な争いや干渉がありました。
経済が豊かな国がよいとされ、
貧しい国が悪とされてきました。

かつて日本も非常に裕福なときがありましたが、
今はさほど豊かではなくなりました。

経済は、住んでいる人々の生活に影響を与えます。

もちろん経済が豊かなほうが、
そこに住んでいる人間も豊かに生活できるので、
各国政府は国を豊かにしようと必死になっています。

でも、幸せということでいえば、
お金について私が最初にお話ししたことと全く同じで、
お金があれば、経済が潤っていればよいかというと、
そうではありません。

反転宇宙では貧しいことがよいことです。

プラスとマイナスを融合すれば
ゼロになって新たに生まれるので、
経済が悪くても立て直そうと必死にならなくてよいのです。

経済が貧しいことを、
それでいいのだと肯定することが大事です。
どんなトピックも、全てはそこにつながります。

第三章

プミ（PUMI）という集合意識

本宇宙と反転宇宙の融合

本宇宙と反転宇宙が融合して
一つになることが重要だと、
これまでの章でも何度か述べてきましたが、
本章ではそれを深く掘り下げていきます。

我々が存在している
本宇宙の中の地球と
反転宇宙の中の地球は、
全てのエネルギーが反対であって、
その地球に存在している

地球人一人一人にも全く反対の要素があることも、
既に述べたとおりです。

だから、地球人の一人一人が、
今あるがままの「今ここ」のあなたが、
全てにおいて反対である
反転宇宙の反転地球の中にある
全く反対のあなたと融合して、
プラスとマイナスでゼロになることが
最も大事だとお伝えしてきました。

なぜ大事かというと、
ゼロになることこそが、

新しいあなたを生み出す最高の宇宙原則だからです。

私ドクタードルフィンは
２０２２年に
『０と１　宇宙で最もシンプルで最もパワフルな法則』（青林堂）を
上梓しました。

例えば、本宇宙にいるあなたがプラス１とすると、
反転宇宙にいるあなたはマイナス１、
逆に本宇宙にいるあなたをマイナス１とすると、
反転宇宙にいるあなたがプラス１。
それぞれを足すとゼロになります。

つまり、ゼロになることによって、
新たな1を生み出すことができる。

それこそが唯一の方法と言っていいでしょう。

今まで皆さんはプラス1のまま、
マイナス1のまま、
ゼロになることなく新たな1を生み出そうとしていたので、
大して代わりばえのない1しか生まれませんでした。

高い次元で全く違うあなたを生み出すには、
ゼロになる必要があります。

これが最も大事なことです。

本宇宙のあなたを「本自己」といいます。
反転宇宙のあなたを「反転自己」といいます。
「表自己」「裏自己」でもいいです。

「本自己」と「反転自己」が融合して、
「融合自己」になります。

地球というレベルで考えてみましょう。
全ての生命を含む地球は、ガイアという意識を持っています。
地球自身に「本地球」と「反転地球」があり、
融合すると「融合地球」になります。

太陽系とか、銀河系とか、
あらゆる銀河系の集合体とか、
パラレルも全て含んだ宇宙を本宇宙とすると、
反転宇宙と融合したものを「融合宇宙」といいます。

ですから、皆さんがそれぞれのレベルで融合自己、
融合地球、融合宇宙を目指していくとき、
その最初の大きなステップになるのが
融合自己をつくり出すことです。

この地球で、
ある程度の数の融合自己が出てくると、
融合地球になっていきます。
ある程度の星が融合してくると、
融合宇宙になります。それを目指していくわけです。

プリラとミズルの融合体「PU《プ》MI《ミ》」

本宇宙の星社会においてトップで統括するのは、リラ星の「プリラ」という意識です。

同じレベルで、反転宇宙において全ての星社会をトップで統括するのが、ズルーカ星の「ミズル」という意識です。


本宇宙のリラ星の「プリラ」と反転宇宙のズルーカ星の「ミズル」が、それぞれキーになる集合意識エネルギーです。

融合宇宙は、それらも融合することになります。

本宇宙の「プリラ」と
反転宇宙の「ミズル」を融合すると、
宇宙の中で最も高いレベルの集合意識の融合体ができます。

プリラのプとミズルのミをとった、
「プミ（PUMI）」という集合意識が誕生するわけです。

「PUMI」が治めるのが融合自己であり、
融合地球であり、融合宇宙です。
「PUMI」こそがこれからの宇宙のカギとなる意識体です。

「PUMI」にサポートされるかされないかによって、
この宇宙で自分を大きく羽ばたかせ、
次元上昇させ、エネルギーを上げることが

できるかどうかが左右されます。
では、「PUMI」とはどういう意識体でしょうか。

融合宇宙のトップにある集合意識である「PUMI」は、全く判断をしない意識体です。

本宇宙の「プリラ」は見守るだけなので、判断も差別もしないのですが、これがよい、こうあってほしいという意識が多少あります。

反転宇宙のズルーカ星の「ミズル」も、評価はしないし差別はしないけれども、こうあってほしいという意識があります。

「PUMI」には、こうあってほしいというのが全くありません。
それが新しい宇宙における新しい意識です。

「PUMI」の意識は、全てあるがままでいい、
何も変える必要がない、
そのままで完璧・完全であるという意識です。

「PUMI」という意識に好かれ、
サポートされるには、
全てニュートラルなあなたでいることです。
今までのあなたの善悪という認識を全部手放して、
あるがままのあなたを、
そのままでいいとニュートラルにしていく。

つまり、物事をニュートラルで見て、
ニュートラルで体験する人間を「ＰＵＭＩ」はサポートするのです。

もちろん私ドクタードルフィンが
今まで発信してきたように、
本宇宙においては、
無条件の愛、無償の愛が非常に重要であって、
愛と感謝が大事です。

これは反転宇宙でも同じです。
愛が向かう形が違うだけで、
無条件の愛、無償の愛、愛と感謝です。

しかし、融合宇宙の「PUMI」には、
愛も感謝もありません。
つまり、概念を全く持たない。
もはや愛とか感謝というものもないのです。
ただ、ゼロです。

本宇宙がプラス1、反転宇宙がマイナス1としたら、
融合宇宙はゼロなので、それを統括する意識もゼロなのです。
結局、人間が向かうところは、
愛と感謝を通り越して、何も存在しないゼロです。

ここで私ドクタードルフィンから、
とても大事なことを伝えます。

ゼロは全てを含んでいるもので、
ナッシングはエブリシングです。
エブリシングは、プラス１とマイナス１、
プラス１００とマイナス１００、
プラス９９９９とマイナス９９９９、
反対のものも全て含んでいます。

ゼロ＝∞（無限大）です。

「ズルーカ」の役割

「ズルーカ」は、
反転宇宙において
どのような役割を果たしているのでしょうか。

それは、私たちが存在する本宇宙で
リラ星のプリラが果たしている、
星社会が平和になるように
見守る役割とは全く反対の内容です。

つまり、「ズルーカ」は争いをサポートしているのです。

本宇宙の我々には
なかなか理解できない強烈な世界です。

「ズルーカ」は、反転宇宙があるべき姿で
成り立つように見守っています。

反転宇宙においては、仲たがいをしたら、
さらに仲たがいさせようとします。

それぞれの関係性において、
お互いに憎み合ったら、その憎しみを上昇させます。

お互いがだまし合ったら、さらにだまし合わせます。

お互いが殺し合ったら、さらに争わせます。

本宇宙とは全く逆です。

本宇宙も反転宇宙も愛と調和を求めています。

しかし、本宇宙では穏やかな平和が愛と調和をもたらし、

反転宇宙では醜い戦争が愛と調和をもたらします。

反転宇宙の愛と調和の内容は本宇宙と全く反対なので、

「ズルーカ」の役割は、

いつも混乱した社会を存在させ続けることです。

「ズルーカ」は、本宇宙における
マフィアのボスのようなものです。

人間を含めた反転宇宙の存在はエゴの塊であり、
自分さえよければ全てよしという
非常に厳しい争いの世界です。
そういう混乱した社会を見守って、
成り立たせるのが「ズルーカ」です。

本宇宙のリラ星の役割とは全く逆です。

「ミズル」のサポート

「ミズル」は「ズルーカ」の集合意識です。

既に述べたように、
ミズルは、不安と恐怖を増長させるサポートをしています。
自分はダメだと思わせ、
存在意義とか存在価値を下げるサポートをしています。

自分は愛に値しないと、
愛の度合いを下げるサポートをします。

いつも、ごまかしたり、だましたり、
偽った自分を表現するのをサポートします。

生きがいとか生きる意味を
察知させないようにします。

つまり、本宇宙のリラ星の「プリラ」と
全く逆のサポートをするということです。

ただ、一番大事なのは、
そういうことをされて
反転宇宙の存在は喜んでいるということです。

反転宇宙の人類たちは、
まさに本宇宙の地球人が嫌がっていること、
避けたがっていることを喜ぶのです。

非常に捉えにくい概念です。
体に関しては、症状を持つこと、
病気になることをサポートします。

それを反転宇宙の人類たちは喜びます。

本宇宙の人類は病気が治ることを喜びますが、
反転宇宙の人類は病気が治らないことを喜びます。

反転宇宙では、病気を持たないと不安に思います。
病気でないと何か物足りないのです。

本宇宙の人類は長生きすることを喜びますが、
反転宇宙の人類は死ぬことを喜びます。
死を迎えることを喜び、生き続けることを嫌うのです。
死んで次にリセットしたがる。

リセットすることが非常に大事なのです。

第四章

反転宇宙を知ることで あなたは中庸に戻れる

逆の性質を持っている存在はあなたに必要である

今回、この本で反転宇宙の存在を
皆さんにお知らせすることは、
私ドクタードルフィンにとってどういう意味があるのか、
ここで改めて伝えたいと思います。

本宇宙における我々地球人が反転宇宙の存在を知ることで、
反転宇宙のエネルギーが我々の本宇宙に入ります。

中立化して新しい自分になれるということを、
しっかりと受け入れてください。

反転宇宙の自分をここに連れてくるのは難しいのです。
エネルギー的にはつながりますが、
反転宇宙の存在を目の前に連れてきて、
それと交流するのは、今の段階では非常に難しい。

そこで、本宇宙において
自分の性質と全く逆の性質を
持っている存在が非常に重要になります。

そのことを理解できるようになるのが、
この本の非常に大事なところです。

例えば、今まであなたが嫌っていた人がいるとします。
なぜ嫌っていたかというと、
大体の場合、自分の性質と全く違うからです。

自分の性質と同じか、よく似ていれば、
共鳴して仲よくなり、居心地がよくなります。
全く正反対の性格とか、
全く正反対の考え方をする人間は嫌いになります。

しかし、そういう正反対の人間の存在が
本当は大事なのだということを、
この本を読んで受け入れてください。

反転宇宙のエネルギーとつながった今の本宇宙では、
全く反対のエネルギーと交流しやすくなりました。

反転宇宙とつながっていないときは、
本宇宙に生きる地球人の意識が
反対のエネルギーを受け入れられなかったのです。

私ドクタードルフィンは、
以前から、著書や講演会、
オンライン情報において、
反対のエネルギーと交流することが
大事であると発信してきましたが、
多くの人はそれをたやすくできなかったと思います。

それは、反転宇宙のエネルギーと
私たち本宇宙のエネルギーがつながっていなかったからです。

反転宇宙と本宇宙がつながった今、
本宇宙の地球人たちは、
反対のエネルギーが大事だと
何となく感じられるようになっているはずです。

今まで自分と反対の性質だからといって
全く受け入れなかった人と、
あえてつき合ってみると、
実はその人は自分に足りないエネルギーを持っています。

そこから学ぶものが必ずあるはずです。

私が何度も述べたように、
本宇宙のエネルギーは表裏の片方しかありません。
表だけでなく、裏がないとダメなのです。

その裏のエネルギーを、
今まで地球で交流していた人が
あなたのために持ってくれていると考えてください。

自分が優しかったら意地悪な人、
自分がお金持ちだったら貧しい人、
自分が健康だったら病弱な人、

自分に能力があったら能力のない人、
自分に地位があったら地位のない人、全て逆の人です。

今まではそういう人と交流する機会も少なかったし、
交流してもなかなかうまくいかなかったと思いますが、
今、反転宇宙のエネルギーが入ってきているので、
そういう人と交流することで自分が中立化して、
必要なことに気づいて、学んで、新しい自分になっていきます。

反転宇宙のエネルギーが入ってくると、
全てがひっくり返ると理解している人がよくいます。

反転宇宙においては全てがひっくり返っていますが、

そのエネルギーとつながったからといって、
ひっくり返ることはありません。

そこは勘違いしないでください。

反転宇宙のエネルギーが入ることで
ニュートラルになり、ゼロになります。

反転宇宙のエネルギーとつながったことによって、
本宇宙において自分の性質と正反対の人と交流して、気づいて、学んで、
進化成長することができます。
これからの生き方の提唱です。反転宇宙の意義はそこにあります。

ストーンヘンジは反重力を使った建造物だった⁉

私が反転宇宙とつながったのは2023年8月8日です。
同じ2023年10月に、私ドクタードルフィンは、
数十名の有志の参加者とイギリスにエネルギー開きに行きました。

その目的は、東のレムリアの聖地日本に対して、
西のレムリアの聖地を開くためです。
それはイギリスのエネルギーを開くことでした。

イギリスで4カ所のパワースポットのエネルギーを開いて、
レムリア化させたのですが、

その総まとめがストーンヘンジを開くことでした。

皆さんもストーンヘンジの写真を見たことがあると思いますが、
縦長の石が幾つか立っていて、
その上に横向きに平らに石が乗っています。

しかも、数十メートルの高さがある。

人間のわざでは、
あんなに大きな石を地上高く
積み上げられるわけがありません。

巨人がつくり上げたとか、

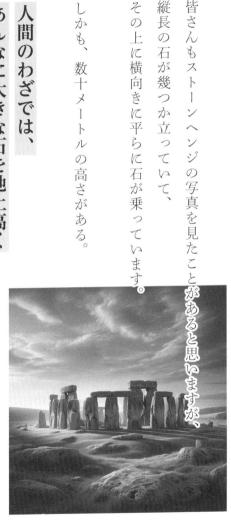

特別な装置をつくって積み上げたとか、
いろいろな説がありますが、
あれは実は反重力を使った建造物です。

エネルギーのグリッドをつくって石を浮かせて、
高いところに石を載せたのです。

地球では、
ニュートンの万有引力とか、重力が存在します。

本宇宙で時間や空間が生じるのは重力があるからです。
重力が素粒子のエネルギーを一方向にかけることで、
時間ができ、空間ができ、過去から未来に進みます。

反転宇宙では、反重力です。リンゴは宙に浮いています。

人間も浮いていて、宇宙に飛んでいかないように、下に引かれるような装置を着けています。

簡単に言えば、パラシュートを逆さに着けているようなものです。

私ドクタードルフィンのエネルギーリーディングでは、ストーンヘンジは、約1000万年前につくられました。

そのころ、本宇宙が反転宇宙とつながった瞬間がありました。

1000万年前、唯一ストーンヘンジの地において、
地球時間の2分間だけ、
ブラックホール、ホワイトホールが開いて、
反転宇宙とつながった瞬間がありました。

その2分間で、
あの石を反転宇宙から持ってきて、
積み上げたのです。

重力がないので最初は全部浮かせておいて、
ブラック&ホワイトホールの扉が閉じたとき、
バンと落としました。

あれは本宇宙の石ではありません。
唯一、本宇宙に入っている反転宇宙の物質です。

だから、ストーンヘンジは平原にいきなりあって、
周囲に石も何もないのです。

何であんなものをつくったかというと、
1000万年前に、ズルーカの指令によって、
地球人に反転宇宙があることを学ばせようとしたのです。

ストーンヘンジは反転宇宙の遺跡です。

それがストーンヘンジの謎です。

ほかにも石が浮いているような世界遺産があります。
ああいうところも反転宇宙とつながっていた可能性が高いのです。

反転宇宙の使者はカラスです。

カラスはアマテラスの使いとか、
ヤタガラスとか、サルタヒコとも関係しますが、
反転宇宙の使者でもあるのです。

1000万年前、
カラスはそのポータルを通して
反転宇宙から持ち込まれました。

反転宇宙から直接来たのではなくて、
そのエネルギーが物質化して動物になりました。

次元の高い大事な動物だったので、
本宇宙の地球でも神の使いとされました。

ヤタガラスとして導くエネルギーとなったのです。

ストーンヘンジにはカラスがたくさんいて、
私は、反転宇宙の使者だとすぐにわかりました。

売店に行くと、
カラスのぬいぐるみもたくさんあって、買ってきました。

普通、カラスのリアルな、できのいいぬいぐるみなんか売っていません。
反転宇宙、ストーンヘンジの鍵となる動物（キーアニマル）はカラスです。

コモドドラゴンを開く

２０２４年４月に、
私はインドネシア・バリのエネルギー開きに行きました。

『ＮＥＯ人類創世記』（２０２２年刊・ヒカルランド）に書いたように、
人類の大もとのエネルギーが
オリオン星座からやってきたときに、
地球に舞い降りたのがインドネシアです。

今回のエネルギー開きの目的は、

そのエネルギーをバージョンアップさせることと、
もう一つは、コモド島のコモドドラゴンを開くことです。

地球にはありとあらゆる動物がいます。

両生類、爬虫類は地球上で
非常に長く存続してきた動物の筆頭です。

また、「亀は万年」というように、
非常に長生きのものがあります。

両生類、爬虫類は私たちにとって
何か謎を秘めている非常に魅力的な生き物です。

ドクタードルフィンの
高次元エネルギーリーディングによると、
それは全くそのとおりで、
インドネシアのコモド島だけに生息する
巨大トカゲのコモドドラゴンこそが、
本宇宙で生きる地球人にとって、
まさに最高に興味深い生き物だと言えるでしょう。

コモド島はコドモドラゴンの聖地です。
コモドドラゴンは反転宇宙のボスです。
反転宇宙のエネルギーが物質化した存在で、
反転宇宙エネルギーの力強さを象徴します。

コモドドラゴンを開くということは、反転宇宙のエネルギーを人類に、より強力に定着させる、ということです。

イギリスのストーンヘンジにいるカラスは
反転宇宙の使者だとお伝えしましたが、
コモドドラゴンは反転宇宙のボスと言える存在です。

反転宇宙に生存する
ありとあらゆる動物の中で、
最も尊厳のあるものです。
最も存在価値があり、

最もみんなに敬意を持たれる動物です。

コモドドラゴンが反転宇宙のボスたるゆえんは、
反転宇宙の中の全ての生物たちに、
本来の生命のあり方を教える存在だからです。

どのように存在するべきか、
どのように生きるべきかを、
反転宇宙の人間以上に指し示すことができます。

さらに、それ以上に大事なことは、
本宇宙に反転宇宙のエネルギーを持ち込んで、
本宇宙の生命存在にそのエネルギーを浴びせることができます。

名前に「ドラゴン」とつくのは、
まさに見た目が龍のようだということもあるのですが、
ドラゴンが口から火を吐くように、
コモドドラゴンは口から
反転宇宙のエネルギーを噴出して、我々に浴びせます。

コモドドラゴンと接することにより
反転宇宙のエネルギーを受けて、
本宇宙の人間は中立化します。

「これでいいのだ」と受け入れて、
新しい自分をつくれる状態をつくってくれます。

反転宇宙から飛び出して本宇宙の
そのエネルギーを持ち込むことができるのは、
コモドドラゴンだけです。

カラスは、反転宇宙のエネルギーの教えを届けるだけですが、
コモドドラゴンは、
物理的に強力に反転宇宙のエネルギーを浴びせるのです。

だから、あんな体をしています。
あの動物自体、我々の地球にいるような感じがしません。

コモドドラゴンは、反転宇宙では争い好きで非常に獰猛《どうもう》です。

でも、本宇宙に来ると、
反対のエネルギーで穏やかで静かになっています。
反転宇宙では体がもっと小さいのですが、
本宇宙では体が大きくなっています。

カラスは反転宇宙ではとても大きな体で、
優しく、本宇宙では体が小さくなって、
いたずら好きです。性質が入れかわっているのです。

この（2024年）4月、インドネシアのコモド島で、
「コモドドラゴン」のエネルギーを開きました。

ドクタードルフィン 松久正が現地で撮影した写真

おわりに

私たちが生きる「地球」は、思うようにいかない「もがく星」です。

体と人生の問題を通して、気づき、学び、人間エネルギーを上げています。

しかし、誰しもが、「楽」に「愉《たの》しく」生きたいと考えています。

それを高いレベルで実現するのは、私たちの生きる「本宇宙」だけのエネルギーでは、なかなか難しいものです。

だからこそ、この本で紹介する「反転宇宙」のエネルギーが必要になります。

ぜひ、私ドクタードルフィンが開いた「反転宇宙」の恩恵を満喫していただければ、この上ない幸せです。

88次元 Fa-A ドクタードルフィン
松久 正（まつひさ ただし）

鎌倉ドクタードルフィン診療所院長。

医師（慶應義塾大学医学部 1992卒)、米国公認 Doctor of Chiropractic (Palmer College of Chiropractic 2005卒)。

地元の三重大学医学部整形外科入局、大学病院／市中病院にて、手術／外来／遺伝子研究を経て、2000－2008年、カイロプラクティック留学にて渡米。

帰国後、2009年、鎌倉に診療所を開院。超次元・超時空間松果体覚医学（SD-PAM）／超次元・超時空間 DNA オペレーション医学（SD-DOM）の対面・遠隔診療。

現在、松果体活性化と DNA バージョンアップを実現させる、今までの世界に存在しない新しい医学（NEO Medicine）を世に発信する。

神や宇宙存在を超越する次元エネルギーを有し、予言された数世主としての使命である「人類と地球の次元上昇」の実現のため、国内・海外にて、神・高次元存在・パワースポットなどのエネルギー開きを執り行っている。

診療の他、講演会／スクール／サロン／無料 YouTube／無料メルマガ／国内・海外エネルギーリトリートなどを、積極的に展開。

著書多数（80冊以上）／2024年夏時点

ドクタードルフィン公式ホームページ
https://drdolphin.jp

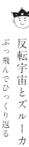

反転宇宙とズルーカ

ぶっ飛んでひっくり返る

第一刷 2024年7月31日

著者 松久 正

発行人 石井健資

発行所 株式会社ヒカルランド

〒162-0821 東京都新宿区津久戸町3-11 TH1ビル6F
電話 03-6265-0852 ファックス 03-6265-0853
http://www.hikaruland.co.jp info@hikaruland.co.jp

振替 00180-8-496587

本文・カバー・製本 中央精版印刷株式会社

DTP 株式会社キャップス

編集担当 ソーネル

ISBN978-4-86742-357-8

量子オーガニックサウンドを作り出す、唯一無二の音響空間ヒカルランド本社1階に誕生!

Hi-Ringo Yah!

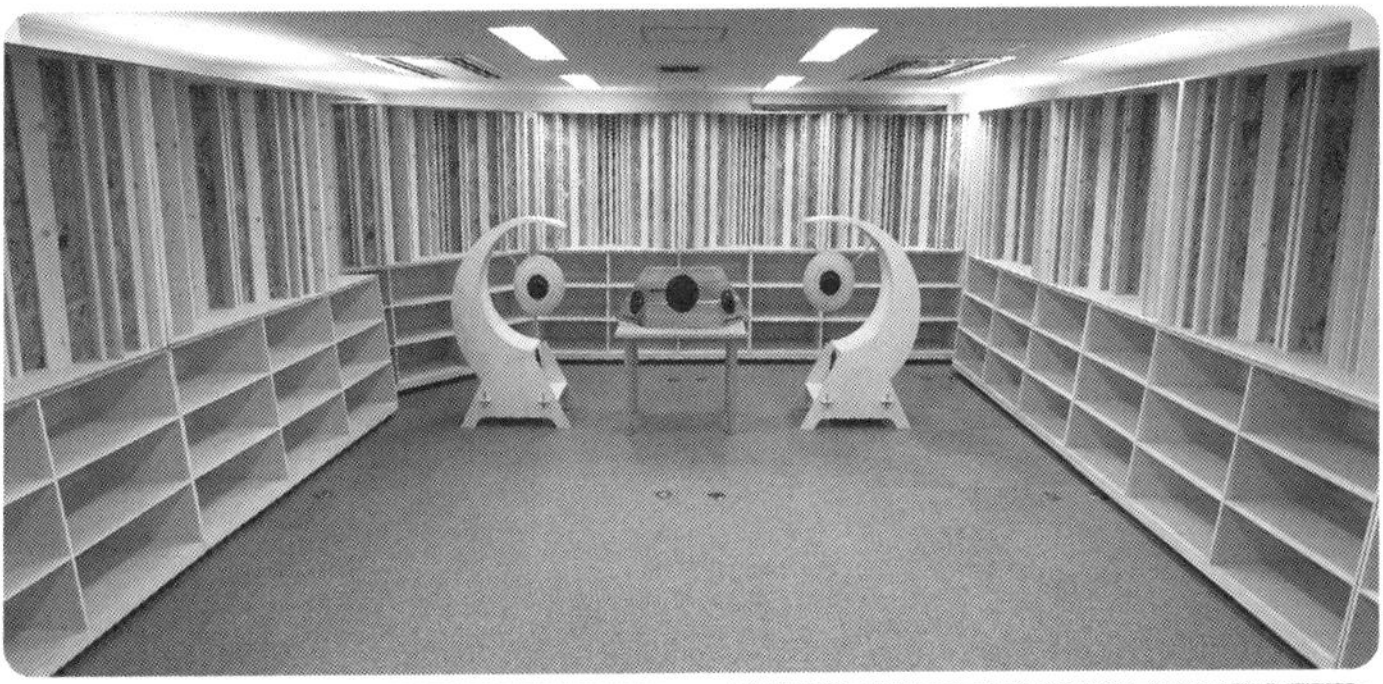

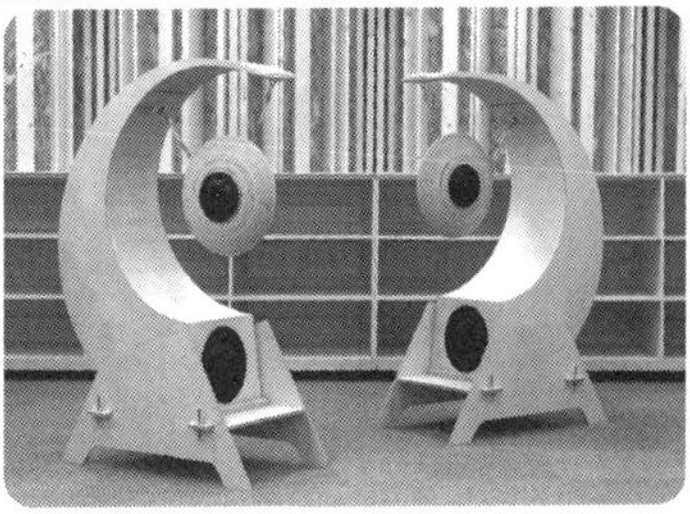

“音のソムリエ”こと藤田武志さんが設計ディレクションを担当した、ヒカルランド本社1階にある「Hi-Ringo Yah!」(通称ヒーリン小屋)。ここは日本が世界に誇る音響建築のプロ「田口音響研究所株式会社」の手によって実現した、唯一無二の量子オーガニックサウンドが味わえる空間です。演奏をメインとした音楽イベントや、レコーディングに適した空間にするため、スタジオ全体に反響版(リフレクター)が設置されているのがポイント！　音は、空気中の分子の振動。それらの振動が「どのような振る舞いをするのか」が考慮されているこの空間では、音を聴いた時の体感がまるで違います。反響版によって反射した音の周波数はすべて異なるようコントロールされているので、楽器の響きがスタジオ全体へと広がり、空間のどこで聴いても違和感がなく、音が心身に染み渡るように感じるのです。量子パワーも加わって、聴く人を芯から最適化。あなたも一度足を運んで、音の中に身を浸す“音浴”を体験してみてください。

元氣屋イッテル（神楽坂ヒカルランド みらくる：癒しと健康）

大好評営業中!!

東西線神楽坂駅から徒歩２分。音響チェアを始め、AWG、メタトロン、タイムウェーバー、フォトンビームなどの波動機器をご用意しております。日常の疲れから解放し、不調から回復へと導く波動健康機器を体感、暗視野顕微鏡で普段は見られないソマチッドも観察できます。

セラピーをご希望の方は、お電話、または info@hikarulandmarket.com まで、ご希望の施術名、ご連絡先とご希望の日時を明記の上、ご連絡ください。調整の上、折り返しご連絡致します。

詳細は元氣屋イッテルのホームページ、ブログ、SNS でご案内します。皆さまのお越しをスタッフ一同お待ちしております。

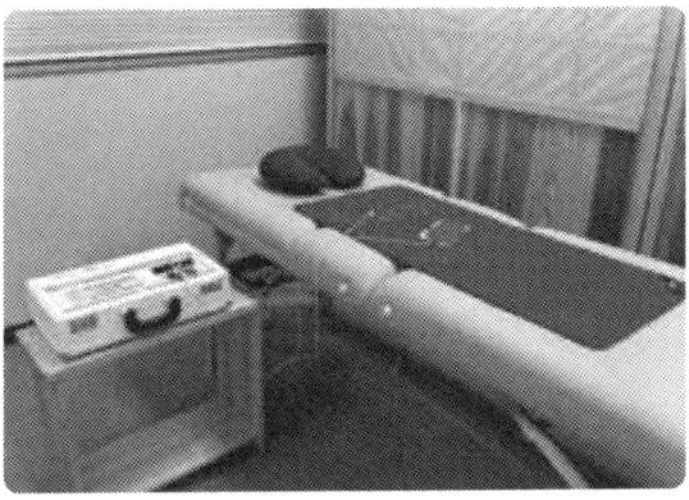

元氣屋イッテル（神楽坂ヒカルランド みらくる：癒しと健康）
〒162-0805　東京都新宿区矢来町111番地
地下鉄東西線神楽坂駅２番出口より徒歩２分
TEL：03-5579-8948　メール：info@hikarulandmarket.com
不定休（営業日はホームページをご確認ください）
営業時間11：00～18：00（イベント開催時など、営業時間が変更になる場合があります。）
※ Healing メニューは予約制。事前のお申込みが必要となります。
ホームページ：https://kagurazakamiracle.com/

GENKIYA ★ ITTERU
元氣屋イッテル
Go far beyond
神楽坂ヒカルランドみらくる

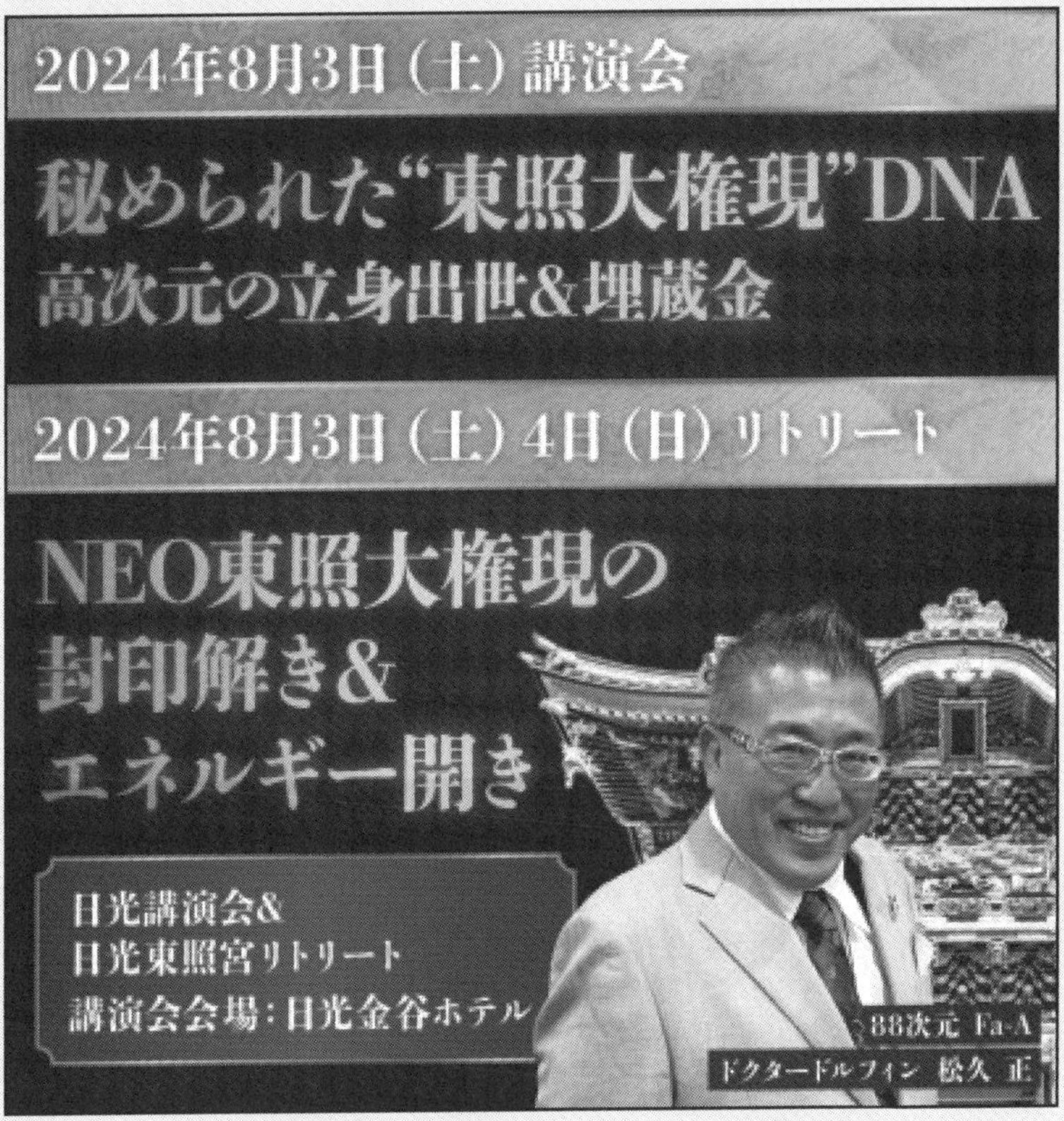
2024年8月3日（土）講演会
秘められた“東照大権現”DNA
高次元の立身出世&埋蔵金
2024年8月3日（土）4日（日）リトリート
NEO東照大権現の
封印解き&
エネルギー開き
日光講演会&
日光東照宮リトリート
講演会会場：日光金谷ホテル
88次元 Fa-A
ドクタードルフィン 松久 正